AF260065

n° 27/16911

BIOGRAPHÎE GÉNÉRALE DES DÉPUTÉS.

Notice biographique

SUR LA VIE ET SUR LES TRAVAUX

DE

M. RAGUET-LÉPINE,

DÉPUTÉ,

Dédiée aux Électeurs de Vendôme (Loir-et-Cher).

PARIS,

Aux Bureaux de La RENOMMÉE,

Biographie générale, Revue Littéraire,

RUE NOTRE-DAME-DES-VICTOIRES, 14;
Et à tous les Dépôts de Publications.

Mai 1842.

Paris.— Imprimerie de BOURGOGNE et-MARTINET, rue Jacob, 30.

1842

M. RAGUET-LÉPINE.

RAGUET-LÉPINE (Alexandre-Pierre-François) est né à Paris, le 22 mars 1789. Ses premières années se sont écoulées au milieu des orages de notre révolution. Il était encore enfant, lorsqu'il entra au collège de Louis-le-Grand, où il fit d'excellentes études.

Au milieu du déchaînement des passions, des désordres effrayants, des scènes scandaleuses qui avaient marqué la domination de la Convention et celle du Directoire, le mouvement qui emportait les esprits avait fait négliger la culture des lettres. Un langage grossier, introduit dans les relations publiques et dans le style des écrits du temps, un jargon injurieux et insolent, des mœurs obscènes avaient, en peu d'années, précipité la décadence du goût. Napoléon, après le coup d'État du 18 brumaire, et quand il monta sur le trône impérial, seconda l'ardeur avec laquelle la jeunesse des bonnes familles se portait vers les établissements d'instruction publique où l'on recevait une brillante éducation. Sous son administration vigoureuse et protectrice, la France se reposait des troubles qui l'avaient agitée pendant dix années ; il voulait ouvrir une large voie aux jeunes intelligences que les destinées de l'empire allaient appeler à des carrières diverses. Il savait aussi qu'une bonne direction imprimée aux esprits ferait cesser complétement l'agitation qu'avaient fait naître les changements rapides survenus en l'espace de quelques années. Il donnait ainsi un juste sujet d'espoir à l'ambition des familles, il préparait des hommes capables pour les besoins de son gouvernement, et il remettait en honneur des études qui avaient jeté un si vif éclat. En favorisant la culture des lettres, il savait, d'ailleurs, qu'il lui serait plus facile de consolider les conquêtes de ses armes par les conquêtes intellectuelles d'une langue qui était depuis un siècle celle de la bonne compagnie en Europe. Il lui importait donc qu'elle ne se corrompît pas, et que la jeunesse, en s'appliquant à l'étude des langues anciennes, apprît à mieux sentir les beautés de nos grands auteurs.

Grâce aux encouragements que reçurent les études classiques, les lycées impériaux virent se former d'excellents sujets, dont plusieurs ont, depuis, acquis de la célébrité. Le jeune Raguet-Lépine étudia les grands écrivains des deux derniers siècles avec prédilection ; ce fut dans la lecture de leurs chefs-d'œuvre immortels qu'il perfectionna son goût.

Rarement un jeune homme aime et admire un écrivain, sans s'efforcer de marcher sur ses traces. M. Raguet-Lépine lisait nos grands tragiques; il composa une tragédie. Il choisit son sujet dans l'histoire de l'empire d'Allemagne. En 1816, il présenta au Théâtre-Français une tragédie en cinq actes, sous ce titre : *Othon de Bavière*. La pièce fut reçue à correction. L'auteur n'en a jamais voulu faire une seconde lecture, et il n'a pas publié cet essai.

Quelques années après il fit paraître *Henri VI*, autre tragédie en cinq actes. Le sujet est tiré des annales de l'empire germanique. Une versification facile, élégante, un style correct et de la bonne école, du mouvement, de la chaleur, une fréquente énergie d'expression qui rappelle la manière de Crébillon; telles sont les qualités qui distinguent cet ouvrage. Les scènes en sont bien conduites, les situations fortes et dramatiques, le dénouement amené naturellement. Les personnages, en parlant le langage de la passion et de la vengeance, ne cessent jamais de s'exprimer avec simplicité et avec noblesse. — La pièce est tout-à-fait dans le goût et dans les conditions de ce qu'on appelle le genre classique, depuis qu'un autre genre a fait invasion sur la scène. L'auteur, quoique très jeune quand il composait son œuvre, n'a pas eu la prétention d'innover. Il est vrai que l'Europe n'a pas encore donné raison au genre moderne. Elle n'a pas cessé d'admirer Racine, Voltaire, Crébillon. Leurs chefs-d'œuvre ont été traduits dans toutes les langues, et nous n'avons pas appris que le même honneur ait encore été accordé aux drames qui ont fait fureur à Paris. Tant qu'il y aura des hommes de sens et de goût qui préféreront le beau langage, le naturel, les bienséances, à la trivialité de l'expression, au grotesque, au monstrueux, il est probable que la tragédie aura le pas sur le drame *échevelé* et hurleur.

Tandis qu'au début de son entrée dans le monde, des travaux poétiques occupaient ses loisirs, M. Raguet-Lépine remplissait une mission qui, si elle n'a pas eu d'éclat, était néanmoins délicate et honorable. Par suite d'événements qu'il est inutile de rappeler, et qui ne sont que trop connus, le roi Charles IV avait cédé à l'empereur Napoléon la couronne d'Espagne et des Indes, et l'empereur avait envoyé son frère Joseph régner sur des peuples qui ne voulaient pas du nouveau roi. En signant sa renonciation à des droits qu'une politique juste et prudente eût respectés, Charles IV se réserva une pension pour son entretien, celui de la reine et des personnes qui l'accompagnaient dans son exil. Il fixa sa résidence à Marseille où il séjourna quelques années, puis à Rome où il est mort. Cette pension, souvent mal payée, diminuée insensiblement, fut quelquefois presque supprimée. Le père de M. Raguet-Lépine, chargé des affaires du vieux roi, lui donna des marques fréquentes de dévouement. Après la mort de son père, M. Raguet-Lépine, dont il est ici question, le remplaça dans sa qualité de chargé des affaires du roi et dans le soin avec lequel il s'efforça d'adoucir le chagrin et les amertumes que ce prince infortuné, digne d'un meilleur sort, était forcé de subir. Ce fut en récompense de la sollicitude qu'il avait montrée et des services qu'il sut rendre, que M. Raguet-Lépine reçut, plus tard, du roi Ferdinand VII, les insignes de l'ordre royal de Charles III.

Les Bourbons d'Espagne, comme ceux de France, venaient de remonter sur le trône. L'Europe coalisée avait envahi le territoire français. Bientôt les alliés parurent aux portes de Paris. Une faible garnison et les citoyens de bonne volonté opposèrent une défense courageuse. M. Raguet-Lépine fut du nombre de ces derniers; il combattit pour empêcher l'entrée de l'ennemi dans la capitale. Les efforts qu'on fit ne purent l'emporter contre le nombre, d'un côté, de l'autre, contre des intrigues que l'histoire a commencé à dévoiler. Le duc de Raguse crut ne pouvoir sauver Paris du pillage et peut-être de la destruction, qu'en signant une capitulation. Le 31 mars, l'armée des souverains alliés entra dans Paris, pour y renverser le trône de Napoléon.

Ceux dont le patriotisme avait repoussé l'étranger étaient peu disposés à se rallier à une dynastie qui n'avait dû son retour en France qu'aux revers de la patrie. M. Raguet-Lépine ne voulut point servir la restauration. Retiré à la campagne, il exerça, depuis 1816 jusqu'en 1820, les modestes fonctions de maire de la commune de Villeneuve-le-Roi (Seine-et-Oise). Plus tard, il alla se fixer à Renay (Loir-et-Cher), où il possède de grandes propriétés, et il y exerça les mêmes fonctions, qu'il a conservées jusqu'à ce jour.

En 1829, M. de Martignac nomma M. Raguet-Lépine membre du conseil-général du département de Loir-et-Cher. M. Raguet-Lépine dut être surpris que le ministre eût songé à lui ; car il n'avait pas sollicité cet honneur. Lorsque les conseils-généraux sont devenus électifs, la confiance des électeurs d'Eure-et-Loir n'a pas cessé de le maintenir dans le conseil-général de ce département.

La révolution de juillet 1830 renversa le trône de la restauration. Une nouvelle dynastie fut fondée. Homme d'ordre et de conservation, M. Raguet-Lépine s'attacha d'esprit et de cœur à un gouvernement qui promettait de satisfaire les besoins nouveaux de la société, de respecter les garanties que la France avait obtenues pour ses libertés constitutionnelles, et qui présentait aux intérêts acquis, aux droits de tous, un point d'appui contre l'anarchie.

Les premières années du gouvernement constitué en 1830 furent pénibles et laborieuses. La France fut inquiète, agitée ; le principe du gouvernement fut mis en question par des partis extrêmes ; ils se liguèrent pour le renverser ; ils l'attaquèrent les armes à la main et lui livrèrent bataille sur la place publique. Le sang coula plusieurs fois dans les rues, et il ne fallut rien moins que le concours des Chambres et de la garde nationale, les efforts de tous les amis sincères de leur pays, pour que le gouvernement sortît vainqueur de toutes ces épreuves.

Cependant force resta à la cause de l'ordre et des lois. Des mesures sages et fermes furent adoptées pour consolider le trône nouveau et pour protéger la société. La session de 1834 fut féconde en grands résultats. La Chambre des députés autorisa des poursuites contre un de ses membres, M. Cabet, qui publiait dans les rues le journal le *Populaire*, feuille qui le disputait de violence aux pamphlets de 1793 ; elle vota un crédit pour l'augmentation de la gendarmerie de l'Ouest, afin de contenir la chouannerie ; elle donna au gouvernement le moyen de surveiller les réfugiés étrangers, pour qu'ils ne pussent venir en aide aux projets des agitateurs de l'intérieur ; elle adopta les lois sur les crieurs publics, sur les associations, la loi qui prescrivait des poursuites contre les détenteurs d'armes et de munitions de guerre. La Chambre des pairs vota comme la Chambre des députés.

Toutes ces mesures, présentées pour ramener la tranquillité et pour contenir les perturbateurs des clubs de Paris et ceux qui s'y étaient affiliés, leur causèrent la plus grande irritation. Ils proclamèrent qu'ils n'obéiraient pas aux lois nouvelles, surtout à celle qui réglait l'existence des associations. Dans leur exaspération fanatique et dans la violence de leurs passions, ils firent un appel à la révolte. Cet appel fut entendu : une partie de la population ouvrière de Lyon prit les armes; elle fut un instant maîtresse de la ville, et ne put être vaincue qu'après un combat acharné et sanglant. A Paris, les émeutiers cherchèrent aussi à organiser une insurrection ; ils élevèrent des barricades, commirent quelques assassinats isolés; mais ils furent vaincus, et la faiblesse de leur résistance, en montrant le peu de foi qu'ils avaient en eux-mêmes et dans l'opinion, acheva de leur mériter le mépris public.

Le pays était indigné de ces tentatives criminelles. Le corps électoral fut convoqué. Ce fut dans son sein qu'une chambre, qui avait encore à lutter contre l'anarchie, alla se retremper et puiser une énergie nouvelle. Les élections, commencées le 21 juin, furent favorables à la cause de l'ordre; il en sortit une majorité conservatrice. Celles du département d'Eure-et-Loir fu-

rent conformes aux tendances de l'esprit public.
M. Raguet-Lépine fut nommé par le collége de
Vendôme. Porté par les électeurs du juste-mi-
lieu, il l'emporta sur M. Péan, candidat de l'op-
position, et député sortant.

En arrivant à la Chambre, M. Raguet-Lépine
alla s'asseoir au centre droit; il entra dans les
rangs de ces députés qui suivaient plus particu-
lièrement la bannière de M. le duc de Broglie et
de M. Guizot : on les désignait sous le nom de
doctrinaires.

Les mesures adoptées dans la session précé-
dente, la vigueur de l'administration, le concours d'une majorité bien prononcée, semblaient
promettre un calme de longue durée. Pendant
quelques mois, la France jouit d'une tranquillité
profonde, et la session de 1835 s'écoula paisible-
ment au milieu de ces discussions qui sont l'âme
du gouvernement représentatif. Mais les factions,
repoussées par le pays, vaincues quand elles
avaient osé en appeler à la force, se mirent à
conspirer dans l'ombre, et méditèrent obscuré-
ment des projets d'assassinat. On était au 28 juillet 1835; le roi, au milieu de son cortége, suivi
de la garde nationale de Paris, se dirigeait par
les boulevards vers la place de la Bastille. Quand
il fut parvenu au boulevard du Temple, une
épouvantable explosion se fit entendre. Treize
personnes tombèrent mortes aux côtés du roi, de
ce nombre le maréchal duc de Trévise; plusieurs

autres furent blessées. Une machine infernale, préparée pour tuer S. M., avait fait pleuvoir une grêle de balles autour du roi. Par le plus heureux des hasards, sa personne, celles des princes ses fils, ne furent point atteintes.

La nouvelle de cet attentat souleva dans Paris, et bientôt dans la France entière, un mouvement d'horreur et d'indignation. L'opinion demanda énergiquement des mesures de répression contre des conspirateurs qui avaient recours à d'effroyables assassinats, contre les complices, les fauteurs, les instigateurs de leurs complots et de leurs crimes. Les Chambres furent immédiatement convoquées en session extraordinaire. Le 4 août, M. le duc de Broglie, ministre des affaires étrangères, présenta à la Chambre des députés divers projets, et exposa les motifs généraux de ces projets :

« Un grand crime, dit-il, a consterné et indigné la France ; il a jeté une vive et triste lumière sur la situation de la société. Des devoirs impérieux se sont révélés à tous les bons citoyens, à tous les hommes sages, au gouvernement.

» Inquiète pour son roi, pour ses institutions, la France élève la voix et réclame du pouvoir la protection qu'ils ont droit d'en attendre. Le mal n'est pas nouveau ; voilà déjà plusieurs années que la funeste industrie des factions s'applique à corrompre les fruits de la révolution la plus légitime, et remet périodiquement en question la monarchie au moment où elle semble s'affermir, les lois quand renaît leur empire, la prospérité qui se développe, la société qui se rasseoit.

» La péril, à peine écarté sous une forme, reparaît sous une autre.

» Cette situation se prolongerait, elle s'aggraverait, si nous n'y portions un prompt et efficace remède. »

Après d'autres considérations, qui naissaient de la situation et de la nécessité d'arrêter un mal qui se révélait par de terribles catastrophes, M. de Broglie fit connaître à la Chambre les mesures que le gouvernement jugeait nécessaires pour atteindre le but qu'on se proposait. Ces mesures, après une solennelle discussion dans les deux Chambres, furent adoptées : elles sont connues sous le nom de lois de septembre. M. Raguet-Lépine appuyait le cabinet, où se trouvaient ses deux chefs parlementaires ; il vota avec ses amis, MM. Duvergier de Hauranne, de Rémusat, Jaubert, pour ces lois salutaires.

Il prit part aux travaux de la session de 1836 et de celle de 1837 ; il prêta un concours modéré au cabinet du 6 septembre, et fut réélu par le collége de Vendôme, au mois de novembre 1837, à une forte majorité.

Dans la session de 1838, M. Raguet-Lépine prit part à la discussion relative au projet de chemin de fer de Paris à Orléans. La députation d'Eure-et-Loir, craignant qu'Orléans ne devînt un jour

le rond-point où aboutiraient toutes les lignes des
trois quarts du territoire français , et que cette
ville ne fût un lieu de transit et d'entrepôt au
détriment de contrées en possession d'un com-
merce important et d'une grande industrie , se
considéra comme l'organe naturel d'intérêts lo-
caux gravement menacés. Elle représenta que le
département de Loir-et-Cher , dépourvu d'un
canal , de rivières navigables , payant des impôts
énormes , est la clef d'un vaste pays enfermé entre
la Loire , l'Océan et la Manche, et d'où Paris tire
sa subsistance ; et qu'en concédant un monopole
aux adjudicataires du chemin de fer d'Orléans ,
on porterait une atteinte funeste aux intérêts de
ce département. En conséquence. M. Raguet-
Lépine proposa un amendement ainsi conçu :

« Le prolongement de la ligne du chemin de
fer d'Orléans à Tours ne pourra, dans aucun cas,
empêcher la concession d'un chemin de fer de
Versailles à Tours par Chartres et Vendôme. »

M. Teste, aujourd'hui ministre des travaux
publics , déclara en peu de mots qu'il attachait
de l'importance à cet amendement. Il en rappela
le but. « Lorsqu'il s'est agi , dit-il , d'établir con-
curremment deux chemins de fer de Paris à Versailles , il a été explicitement déclaré à la tribune
que le chemin de la rive gauche devait être con-
sidéré comme la tête du chemin de fer de Paris
à Tours par Chartres. » L'amendement fut néan-

moins retiré par son auteur. M. Martin (du Nord), alors ministre des travaux publics, déclara que le projet du chemin de fer de Paris à Orléans ne pouvait faire obstacle à l'établissement du chemin auquel M. Raguet-Lépine faisait allusion. Le député de Vendôme prit acte de la déclaration.

La session de 1838 avait été fâcheuse pour le ministère du 15 avril. La plupart des projets présentés par lui avaient été ou repoussés ou complétement modifiés. Une scission s'était manifestée dans le sein de la majorité; elle échappait au cabinet. Le centre droit se prononçait avec éclat contreM Molé et voulait le renverser. La fameuse coalition parlementaire fut formée; les amis de M. Guizot y entrèrent, leur chef en tête. Dans la discussion du projet d'adresse du mois de janvier 1839, M. Raguet-Lépine vota contre le cabinet avec tous ses amis. Il fut un des 213 qui repoussèrent le projet de la majorité, adopté par 221 voix.

La Chambre fut dissoute. Les électeurs donnèrent tort au cabinet, et nommèrent une majorité qui lui était hostile. M. Raguet-Lépine fut réélu par le collége de Vendôme.

Après la formation du cabinet du 12 mai, M. Raguet-Lépine appuya ce cabinet, où il comptait des amis politiques. Quand le ministère du 12 mai fut renversé, on fut dans un grand embarras. M. Molé n'avait pas une majorité dans la chambre élective; sa retraite l'avait prouvé. Un des chefs de la coalition, M. Guizot, était nommé ambassadeur à Londres. M. Duchâtel, venant de faire partie du ministère du 12 mai, ne voulait pas entrer dans un autre cabinet; et, le concours de leurs amis venant à manquer, M. Thiers ne pouvait constituer un cabinet durable. Dans cette situation, M. Thiers s'adressa à M. de Broglie et lui demanda son patronage. On s'expliqua. Les amis de M. Raguet-Lépine se réunirent chez lui; il fut convenu que M. Jaubert et M. de Rémusat entreraient dans le cabinet avec M. Thiers, et que leurs amis les appuieraient s'ils suivaient une ligne de politique sage et prudente. Autorisés par leurs amis, MM. de Rémusat et Jaubert servirent donc de *caution* à M. Thiers aux yeux des plus modérés du parti conservateur, et le ministère du 1ᵉʳ mars fut constitué.

On sait comment ce ministère a conduit les affaires de la France, une fois qu'il a eu la bride sur le cou, et comment, la session de 1840 finie, il fut sur le point de faire surgir de la question d'Orient une guerre générale où nous aurions été seuls contre toute l'Europe. On sait aussi en quelles circonstances le ministère du 29 octobre, ayant la confiance de la couronne, se présenta devant les Chambres.

M. Raguet-Lépine a fait partie de la majorité nouvelle, formée sous l'empire d'une situation pleine de périls; il a donné son concours au cabinet actuel En votant pour les fortifications de Paris, il s'est souvenu qu'il avait combattu, en 1814, à la butte Saint-Chaumont ; que si, à cette époque, Paris eût été fortifié, l'ennemi aurait trouvé son tombeau sous ses murs, et que la France aurait été sauvée.

Tels sont les traits principaux d'une vie honorable. Ils appartiennent au jugement et à la critique du public ; nous les avons publiés. Ceux qui connaissent M. Raguet-Lépine diront si nous avons été fidèles à la vérité, et si nous avons su faire preuve d'impartialité.

Quant à son caractère et à ses opinions, c'est un esprit modéré, toujours disposé à la conciliation. On se tromperait étrangement, si l'on pensait qu'ayant toujours marché avec le parti doctrinaire, c'est un homme violent, passionné, porté aux mesures de réaction ; sans cesse prêt à élever des sujets de dissentiment et à sacrifier les principes à sa mauvaise humeur. Loin de là, il s'est efforcé en mainte circonstance de profiter de l'ascendant que sa position et d'anciennes liaisons lui donnaient, pour tempérer la fougue de quelques uns de ses amis.

On n'a pas oublié le fameux rapport où M. Jaubert donna à M. Thiers l'*avertissement sévère* de ne plus dépasser les crédits qui seraient alloués pour constructions de monuments publics. Les dépenses du bâtiment du quai d'Orsay furent surtout, de la part de M. Jaubert, l'objet d'attaques fort vives. M. Raguet-Lépine, membre de la commission chargée de l'examen d'une demande de crédit, donna à M. Jaubert des conseils de modération qui ne furent pas toujours suivis. Peu de mois après, sous le ministère du 6 septembre, il fut un de ceux qui montrèrent le plus d'éloignement pour la politique connue sous le nom de système d'intimidation. Cette modération ne s'est jamais démentie.

Indépendant par sa fortune, sans ambition personnelle, il n'a rien à demander pour lui-même; cependant il est toujours présent aux séances, et il suit les travaux des commissions avec assiduité. C'est là qu'on trouve les députés exacts et laborieux.

Il n'est pas travaillé de l'esprit de coterie; il ne brigue pas de suffrages; il ne quête pas de voix pour être chargé d'un rapport. Il remplit consciencieusement ses devoirs, sans se mêler d'intrigues, partageant son temps entre ses fonctions de législateur et des études qui ont fait le charme de toute sa vie. En nommant M. Raguet-Lépine député, les électeurs de Vendôme ont envoyé à la Chambre un homme intègre, un bon citoyen, un esprit judicieux et éclairé.

Paris. — Imprimerie de BOURGOGNE et MARTINET, rue Jacob, 30.